BEI GRIN MACHT SICH IHR WISSEN BEZAHLT

Produktpolitik und ihre Aspekte. Produktnutzen, Produktideen und Produktlebenszyklus

Madeleine Hartleff

Bibliografische Information der Deutschen Nationalbibliothek:

Die Deutsche Nationalbibliothek verzeichnet diese Publikation in der Deutschen Nationalbibliografie; detaillierte bibliografische Daten sind im Internet über http://dnb.d-nb.de abrufbar.

ISBN: 9783346471888
Dieses Buch ist auch als E-Book erhältlich.

Druck und Bindung: Books on Demand GmbH, Norderstedt Germany
Gedruckt auf säurefreiem Papier aus verantwortungsvollen Quellen

Das vorliegende Werk wurde sorgfältig erarbeitet. Dennoch übernehmen Autoren und Verlag für die Richtigkeit von Angaben, Hinweisen, Links und Ratschlägen sowie eventuelle Druckfehler keine Haftung.

Das Buch bei GRIN: https://www.grin.com/document/1041448

Sonderprüfung - Einsendeaufgabe

Aufgabe: C

im Studiengang Psychologie (B. Sc.)

im Fach Markt- und Werbepsychologie 1

an der

SRH Fernhochschule – The Mobile University, Riedlingen

Verfasserin: **Madeleine Hartleff**

Inhaltsverzeichnis

Abkürzungsverzeichnis

CT	Computertomographie
MRT	Kernspintomographie
PLZ	Produktlebenszyklus
WLAN	Wireless Local Area Network

Abbildungsverzeichnis

1 Aufgabe C1

Damit ein Unternehmen Gewinne erzielen kann, ist eine gute Produktpolitik unerlässlich (Brockhoff, 1999, S. 1). Damit eine Produktpolitik existieren kann, bedarf es zuerst einem Produkt oder zumindest einer Produktidee. Was unter einem Produkt zu verstehen ist, wird im Nachfolgenden erläutert. Tomczak, Kuß und Reinecke (2014) verstehen unter einem Produkt „Sachgüter, Dienstleistungen und Rechte sowie Kombinationen davon" (S. 199). Runia, Wahl, Geyer und Thewißen (2019) erläutern die einzelnen Begriffe vollgendermaßen: Unter Sachgütern sind alle substanziellen Produktgüter zusammengefasst, wie Fahrzeuge, Kosmetika oder Haushaltswaren. Dienstleistungen gehören zu den immateriellen Gütern und sind zum Beispiel eine Fußpflege, eine Beratung zu Finanzprodukten oder Schulung zu Online-Marketing. Unter Rechten werden Nutzungsrecht unter anderem für Softwarelizenzen und Mieträume verstanden. Nach Runia und Kollegen (2019) können ebenso Personen oder Orte und Regionen als Produkte angesehen werden. Eine weitere wichtige Kategorie sind Daten und Informationen, die heute in großer Zahl im Internet gesammelt werden (Runia et al., 2019, S. 187–188).

Im weiteren Verlauf wird erläutert, was unter dem Begriff der Produktpolitik verstanden wird. Dies wird anhand eines Beispiels aus der Medizintechnik veranschaulicht. Weiter wird auf das Konzept des Produktnutzens eingegangen und die einzelnen Auswahlprozesse im Rahmen der Entwicklung von Produktideen näher erklärt. Abschließend werden die Arten und Formen von Produkttest aufgezeigt.

1.1 Produktpolitik

Für ein Unternehmen ist es unerlässlich, eine gute Produktpolitik zu haben, damit das Unternehmen am Markt erfolgreich ist (Brockhoff, 1999, S. 1). Das heißt, dass die Aktivitäten im Unternehmen auf die bereits bestehenden und die potenziellen Kunden ausgerichtet werden, damit diese, dass auf dem Markt erhältliche Produkte erwerben und das Unternehmen dafür einen angemessenen Preis erzielt (Meffert, Burmann, Kirchgeorg & Eisenbeiß, 2019, S. 7). Unter Produktpolitik werden alle Entscheidungen verstanden, die in einer direkten Beziehung mit einem bereits bestehenden oder zukünftigen Produkt stehen. Dies umfasst den kompletten Produktlebenszyklus von der Entwicklung über die Markteinführung bis zur Elimination und Entsorgung (Homburg, 2020, S. 598; Moser, 2002, S. 21). Dabei untergliedert sich die Produktpolitik, entsprechend nach Runia und

Kollegen (2019), in die Entscheidungsebenen Produkt, Produktlinie und Produktpro-gramm. Produktprogramme bestehen im Regelfall aus allen angebotenen Produkten eines Unternehmens, die sich wiederum in Produktlinien untergliedern (Runia et al., 2019, S. 187). Laut Meffert und Coautoren (2019) stellt die Produktlinie dabei die Breite der Produktpalette dar. Wobei die einzelnen Produktlinien sich weiter in Produktgruppen und entsprechende Untergruppen unterteilen. Die Produktgruppen stellen hingegen die Tiefe der Produktebenen dar (Meffert et al., 2019, S. 400).

In der Firma ulrich medical stellt sich die Produktpolitik auf der Entscheidungsebene wie folgt dar: Die Produkte teilen sich auf die einzelnen Produktlinien Wirbelsäulensysteme, Kontrastmittelinjektoren und Blutsperrgeräte auf (ulrich medical, 2020f). Die Produktli-nie wird in der Abbildung 1 mit den Produktgruppen dargestellt. Wobei in der Abbildung 1 in der Produkttiefe nur die erste Ebene dargestellt wird. Außer bei der Gruppe Kontrast-mittelinjektoren – Computertomographie (CT). Am Beispiel der Kontrastmittelinjekto-ren kann gesehen werden, dass diese sich in die Produktgruppen Computertomographie, Kernspintomographie (MRT) und Service unterteilen (ulrich medical, 2020d).

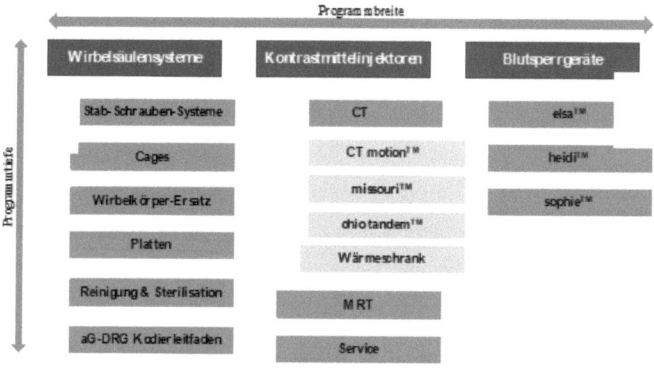

Abbildung 1: Ausschnitt aus der Produktpalette der Firma ulrich medical

(Quelle: Eigene Darstellung in Anlehnung an ulrich medical, 2020a, 2020b, 2020d, 2020f, 2020g)

In den Tätigkeitsbereich der Produktpolitik fallen, nach Weis (2018) die vier Basistätigkeiten (S. 320–321): (1) Produktinnovation, (2) Produktdifferenzierung, (3) Produktvariation und (4) Produktelimination.

Entsprechend Winkelmann (2013) wird unter Produktinnovationen das Erfinden und die Realisierung von neuen Produkten verstanden (S. 196). Weis (2018) ergänzt, dass hierzu ebenso die Einführung von Produkten gehört, die es in einer ähnlichen Weise bereits auf dem Markt gibt (S. 320). Die Firma ulrich medical könnte zum Beispiel ihr Programm zu Kontrastmittelinjektoren erweitern, in dem sie Injektoren für kleinere Volumina, wie Injekt-Spritzen, entwickelt.

Unter Produktdifferenzierungen werden Produkte verstanden, die es nicht nur in der Basisversion gibt, sondern ebenso in leicht modifizierten Varianten (Weis, 2018, S. 320). Bei ulrich medical werden zum Beispiel die Produkte der Produktlinie Wirbelsäulensysteme in unterschiedlichen Differenzierungen angeboten. Das Produkt neon^{3TM} (Stab-Schrauben-System) wird in unterschiedlichen Längen und Durchmessern angeboten. Weiterhin ist es möglich, diese zum Beispiel kanüliert zu bestellen oder mit einer Titanlegierung (ulrich medical, 2017, S. 4).

Winkelmann (2013) versteht unter Produktvariationen Veränderungen an bereits bestehenden Produkten. Diese können durch das Ersetzen, Erweitern, Verbessern oder Weglassen einer Produkteigenschaft charakterisiert sein. Dazu zählen ebenso neue Service- und Dienstleistungsangebote (Winkelmann, 2013, S. 197). Die Anzahl der Produkte bleibt durch die Produktvariation unverändert (Weis, 2018, S. 321). Bei dem Kontrastmittelinjektor CT motion™ gibt es zum Beispiel verschiedene Softwareoptionen, die entsprechend hinzugefügt oder wieder entfernt werden können (ulrich medical, 2020c).

Unter der Produktelimination wird die Herausnahme eines Produktes aus dem Produktprogramm verstanden (Runia et al., 2019, S. 210).

Darauf aufbauend wird im folgenden Abschnitt das Konzept des Produktnutzens diskutiert.

1.2 Konzept des Produktnutzen

Weis (2018) schreibt, dass die Produktpolitik durch unterschiedliche Dinge einen Einfluss auf den Marketing-Mix hat. Zum Beispiel hat die Art und die Qualität der Beratung sowie die Gestaltung dieser einen Einfluss darauf, wie der Kundendienst und somit der

Service wahrgenommen werden. Der Preis wird hingegen durch das Design, die Farbe, das Material, den Duft, mögliche Funktionen und die Leistung wahrgenommen. Daraus lässt sich bereits erkennen, dass ganz unterschiedliche Faktoren auf die Wahrnehmung des Produktes durch den Konsumenten einwirken können (Weis, 2018, S. 322).

Nach Weis (2018) können diese Einflüsse in einen Grundnutzen und einen Zusatznutzen unterteilt werden. Der Produktkern stellt dabei den Grundnutzen dar und wird durch einen stofflich-technischen Nutzen charakterisiert. Hingegen ist der Zusatznutzen ein persönlich empfundener Nutzen des Konsumenten gegenüber dem Produkt. Dies zeigt sich zum Beispiel in der Gestaltung der Verpackung, der Markenbildung oder Servicebedürftigkeit eines Produktes (Weis, 2018, S. 323). Die verschiedenen Nutzenarten sind in der Abbildung 2 dargestellt.

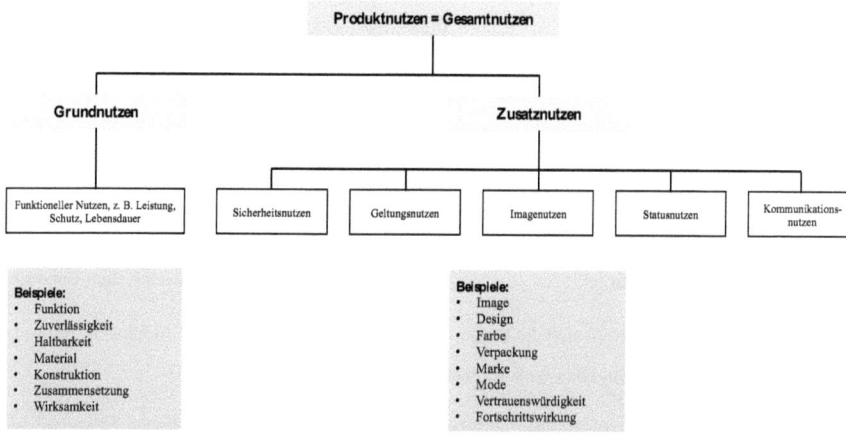

Abbildung 2: Nutzenarten und der Gesamtnutzen von Produkten
(Quelle: Eigene Darstellung in Anlehnung an Weis, 2018, S. 323)

Wie aus der Abbildung 2 hervorgeht, hat jedes Produkt bzw. jede Leistung einen Gesamtnutzen, der sich aus dem Grundnutzen und dem Zusatznutzen zusammensetzt. Der Zusatznutzen wird dabei in mehrere Unterkategorien eingeteilt: (1) Sicherheitsnutzen, (2) Geltungsnutzen, (3) Imagenutzen, (4) Statusnutzen und (5) Kommunikationsnutzen (Weis, 2018, S. 323). Daraus geht bereits hervor, dass ein Kunde nicht die eigentlichen Produkteigenschaften kauft, sondern den gewünschten Nutzen (Kotler, Armstrong, Harris & Piercy, 2016, S. 458).

8

Meffert und Coautoren (2019) unterteilen den Zusatznutzen hingegen nur in einen Erbauungsnutzen und einen Geltungsnutzen. Der Zusatznutzen wird als eine über den eigentlichen Grundnutzen hinausgehende Befriedigung durch das Produkt angesehen, zum Beispiel die Gewährleistung von Sicherheit. Als Erbauungsnutzen wird der ästhetische Aspekt eines Produktes angesehen. Damit ist gemeint, dass zum Beispiel durch das Design und die Farben eine Bedürfnisbefriedigung stattfindet. Hingegen soll der Geltungsnutzen das Bedürfnis nach sozialer Anerkennung stillen (Meffert et al., 2019, S. 396).

Bei einem MRT-Kontrastmittelinjektor der Firma ulrich medical liegt der Grundnutzen in der hygienischen Sicherheit und dem Einsparen von Material, da die Kassette nur einmal täglich gewechselt werden muss (ulrich medical, 2020e). Der Zusatznutzen könnte für den Anwender im Design liegen, oder der Vertrauenswürdigkeit gegenüber der Marke.

Der Kern des Produktnutzens besteht darin, dass der Kunde keine Produkte möchte, sondern Lösungen für seine Probleme. Somit wird das medizinische Personal bei der Verwendung von Medizintechnik immer fragen, was dieses oder jenes für einen Vorteil für das medizinische Personal und gegebenenfalls den Patienten mit sich bringt (Umbach, 2019, S. 89). Bei den Wirbelsäulensystemen muss der Produktnutzen für das medizinische Personal und den Patienten betrachtet werden. Hingegen bedarf es bei den Kontrastmittelinjektoren überwiegend einer Betrachtung des medizinischen Personals.

Jetzt stellt sich die Frage, wie Produkte überhaupt in das Produktprogramm aufgenommen werden. Dies wird im nachfolgenden Text erläutert.

1.3 Auswahlprozesse im Rahmen der Entwicklung von Produktideen

Produktideen und daraus resultierende Innovationen entstehen in Unternehmen aus vielfältigen Gründen. Einer dieser Gründe ist, dass ein Unternehmen die strategischen Lücken schließen möchte (Brockhoff, 1999, S. 127).

Laut Hofbauer und Sangl (2011) ist das Ziel nach der strategischen Positionierung möglichst viele Ideen für potenzielle Innovationen zu generieren. Die Ideengenerierung wird dabei als ein drei-stufiger Prozess angesehen. Dieser besteht aus der (1) Ideensammlung, der (2) Ideenentwicklung und der (3) Ideenaufbereitung (Hofbauer & Sangl, 2011, S. 340). Die Ideensammlung wird auch als Ideenmanagement bezeichnet und verfolgt in ihrem Verlauf dem Entwickeln von konkreten Ansätzen für neue Produkte (Herrmann &

Huber, 2013, S. 126). Bei diesem Schritt muss jedoch beachtet werden, dass sich die An-zahl der Ideen zwischen der Ideensammlung und der tatsächlichen Markteinführung enorm verringert (Hofbauer & Sangl, 2011, S. 340).

Die unterschiedlichen Wege, die zu neuen Produkten führen können, werden in der Ab-bildung 3 angeführt. Dabei kann zwischen der Herkunft der Quelle (externe oder interne Quellen) und dem Prozess der Ideengenerierung unterschiedene werden (Weis, 2018, S. 351). Der Prozess der Ideengenerierung findet sich in der Abbildung 3 in den Berei-chen Kreativitätstechniken und Benchmarking wieder, aber zum Teil auch in den Kun-denanregungen. Die Herkunft der Quelle wird in den Kategorien Kundenanregung, Marktforschung und Realisierung deutlich. Im Nachfolgenden wird auf die Herkunft der Quelle genauer eingegangen.

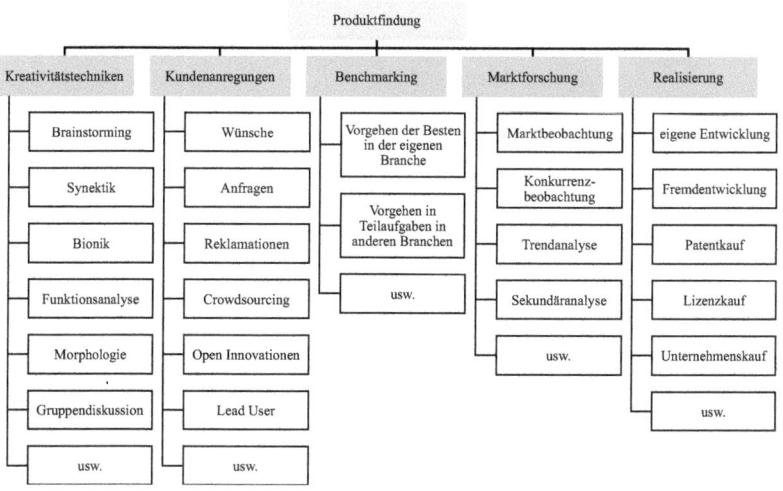

Abbildung 3: Möglichkeiten der Produktfindung
(Quelle: Eigene Darstellung in Anlehnung an (Weis, 2018, S. 351)

Bei der Herkunft der Ideen wird zwischen internen und externen Quellen unterschieden (Herrmann & Huber, 2013, S. 127). Zu den internen Quellen zählen, nach Hofbauer und Sangl (2011) die Kundenbeschwerden und die Mitarbeiter. Bei den Kundenbeschwerden können wichtige Impulse für Innovationen gesetzt werden. Der Kunde gibt eine Rück-meldung über mangelnde oder gar fehlende Funktionen und seine Wünsche und Anfor-derungen. Dies wird meist über den Kundendienst und die Außendienstmitarbeiter ins

Unternehmen getragen. Die andere wichtige Quelle der internen Produktideenfindung sind die Mitarbeiter (Hofbauer & Sangl, 2011, S. 343). Nach Kotler und Kollegen (2016) ist es wichtig, dass die Mitarbeiter durch ein entsprechendes Vorschlagswesen, die Möglichkeit erhalten, ihre eigenen Ideen in das Unternehmen einzubringen und im Idealfall eigenständig weiterzuentwickeln (Kotler et al., 2016, S. 490).

Zu den externen Quellen zählen unter anderem die Lieferanten, Hersteller von Komplementärprodukten und Konkurrenzprodukten, Marktforschungsinstitute und Unternehmensberatungen sowie Forschungsinstitutionen und Universitäten, Wirtschaftsverbände und öffentliche Körperschaften aber ebenso Patente und Schutzrechte (Hofbauer & Sangl, 2011, S. 343–344). An dieser Stelle soll jedoch das Crowdsourcing als externe Quelle hervorgehoben werden. Kotler und Kollegen (2016) beschreiben Crowdsourcing als ein Öffnen des Innovationsprozesses für eine große Gruppe von unterschiedlichen Akteuren. Zu diesen können im Prinzip alle Ideengeber der externen und internen Quellen sowie die breite Öffentlichkeit gezählt werden. Der Grundgedanke des Crowdsourcing ist, dass durch die Anzahl der Teilnehmer eine große Anzahl an unterschiedlichen Ideen und Anregungen für eine Verbesserung von Produkten, Dienstleistungen oder Marketingaktionen entstehen. In diesem System werden meistens Wettbewerbe von den Unternehmen ausgerufen und ein Preisgeld für die beste Idee ausgeschrieben. Für ein Unternehmen wirkt diese Methode auf den ersten Blick recht kostengünstig, jedoch muss bedacht werden, dass die Ideen alle betrachtet und bewertet werden müssen. Dies ist wiederum Kosten- und Zeitintensiv (Kotler et al., 2016, S. 492–493).

Wenn die Phase der Ideenfindung erfolgreich abgeschlossen ist, liegen dem Unternehmen eine große Menge an unkonventionellen Produktideen und Problemlösungen vor. Diese müssen nun entsprechend in einer Vorauswahl selektiert werden (Hofbauer & Sangl, 2011, S. 358). Die Innovationsbewertung erfolgt anhand von drei aufeinander folgenden Schritten (Weis, 2018, S. 365), die in der nachfolgenden Abbildung 4 dargestellt sind.

Laut Hofbauer und Sangl (2011) dient die Vorauswahl dazu, die Anzahl der Ideen auf eine Anzahl zu beschränken, die in einer Feinauswahl händelbar ist. Das heißt, im ersten Schritt werden Redundanzen entfernt und Ideen, die keinen direkten Bezug zum eigentlichen Problem haben. Anhand von Checklisten können die Ausschlusskriterien kurz und knapp überprüft werden (Hofbauer & Sangl, 2011, S. 359–360).

Im zweiten Schritt kommen Scoring-Verfahren zum Einsatz. Diese haben, nach Weis (2018), den Vorteil, dass sie Beurteilen inwieweit einzelne Produktkonzepte den angesetzten Bewertungskriterien entsprechen. Bei den qualitativen Bewertungen wird überprüft, ob eine Realisierung dieser Idee überhaupt möglich ist. Wenn die Produktidee ein positives Ergebnis in dem Scoring-Verfahren erhalten hat, geht diese weiter zu einem Käufertest. Diese Tests sind erste Beurteilungen durch den Kunden. Der Kunde soll in Gruppendiskussionen oder Befragungen eine Einschätzung über den Produkterfolg auf dem Markt abgegeben (Weis, 2018, S. 366–367).

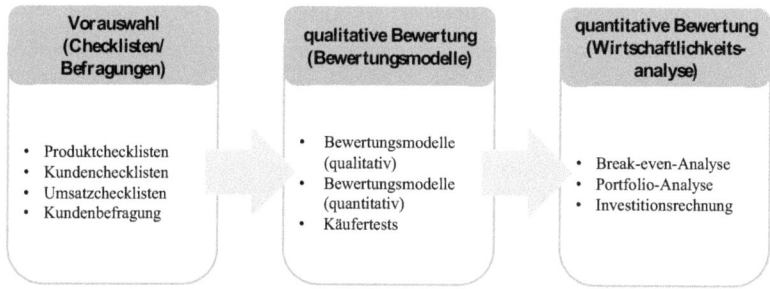

Abbildung 4: Innovationsbewertung

(Quelle: Eigene Darstellung in Anlehnung an Weis, 2018, S. 365)

Im letzten Schritt erfolgt die Analyse der Wirtschaftlichkeit. Entsprechend Sander (2019) wird hierbei überprüft, ob bei dem einzelnen Produktkonzept überhaupt ein finanzieller Erfolg zu erwarten ist und wenn ja, in welchem Ausmaß (S. 374).

In der letzten Phase des Produktentwicklungsprozesses geht es darum, dass eine Konzeptentwicklung stattfindet. Dafür wird eine Produktidee, die die Wirtschaftlichkeitsprüfung erfolgreich überstanden hat in ein Produktkonzept überführt (Weis, 2018, S. 374). Im Falle des Medizintechnikunternehmens könnte die Produktidee sein, dass das Unternehmen Ärzten eine Software zur Verfügung stellen möchte, mit denen sie einfach das richtige Wirbelsäulensystem für einen Patienten finden. Diese Produktidee muss nun in ein Konzept gegossen werden, was der Anwender als nützliche Unterstützung seines Arbeitsalltages empfindet. Hierbei gibt es zum einen die technische Seite, die einen ersten Entwurf der Software gestalten muss und die Marktentwicklung, die das Produkt in einen attraktiven Zustand für den Kunden bringt (Weis, 2018, S. 374–375). Je nach Art des Produktes empfiehlt es sich, mehrere Konzepte zu entwickeln und das beste

Produktkonzept am Ende auszuwählen (Kotler et al., 2016, S. 495). Anschließend erfolgt die Erprobung des Produktkonzeptes. Die Arten und Formen von Produkttest werden im folgenden Abschnitt behandelt.

1.4 Arten und Formen von Produkttests

Bevor es zur Markteinführung von einem neuen Produkt kommt, wird dieses weiteren Produkttest unterzogen. Dabei kann es zum Beispiel um die Farbgestaltung des Produktes oder der Verpackungsgröße und -form gehen (Meffert et al., 2019, S. 436). Das optimal produzierte Produkt unterzieht sich also einer Markterprobung, damit am Ende ein marktfähiges Produkt existiert (Hofbauer & Sangl, 2011, S. 485). Nach Brockhoff (1999) kann bei Markttests nicht direkt gemessen werden, ob die Erlöse der Produktentwicklung den Unternehmenszielen gerecht werden. Aufgrund dessen werden verschiedene Konstrukte untersucht, wie zum Beispiel die Einstellung, die Vorlieben, die Kaufabsicht oder eine beobachtete Auswahl zwischen mehreren Produktalternativen. Ausgehend von diesen Konstrukten kann dann auf einen bestimmten Marktanteil oder einen zu erwartenden Gewinn geschlossen werden. Je nachdem wie die Produkttests ausfallen, kann an dieser Stelle nochmals ein Schritt in der Entwicklung zurückgegangen werden oder gar die Entwicklung gänzlich abgebrochen werden (Brockhoff, 1999, S. 210).

Laut Meffert und Kollegen (2019) stehen drei verschiedene Arten von Produkttest zur Verfügung (S. 436): (1) Konzepttests, (2) Partialtests und (3) Volltests. Bei Konzepttests wird dem Respondenten verbal eine Beschreibung des Produktes gegeben (Meffert et al., 2019, S. 436). Dies kann, entsprechend nach Page und Rosenbaum (1992), mündlich oder schriftlich erfolgen. Dazu werden dem potenziellen Konsumenten, zum Beispiel Konzeptkarten mit einer Beschreibung und Bildern des Produktes vorgelegt. Damit wird überprüft, ob der Respondent den Nutzen des Produktes versteht (Page & Rosenbaum, 1992, S. 273–274). Von der Reaktion auf das vorgestellte Konzept, wird anschließend auf die Reaktion gegenüber dem eigentlichen, realen, Produkt geschlossen (Meffert et al., 2019, S. 436). Bei Konzepttests steht im Gegensatz zu den zwei anderen Testarten dem Probanden somit nur ein virtuelles Produkt zur Verfügung (Brockhoff, 1999, S. 215).

Meffert und Kollegen (2019) schreiben, dass bei Partialtests einzelne Bestandteile des Produktes getestet werden (S. 436). Bei einem Kontrastmittelinjektor könnte zum Beispiel getestet werden, wie gut das Gerät mit Handschuhen zu bedienen ist, oder wie intuitiv die Führung der einzelnen Schläuche ist. Meffert und Coautoren (2019) schreiben weiterhin, dass bei dem Partialtest zwischen einem Substitutionsverfahren und einem Eliminationsverfahren unterschieden werden muss. Bei dem Substitutionsverfahren werden einzelne Produktmerkmale gegeneinander ausgetauscht (Meffert et al., 2019, S. 436). Bei einem Kontrastmittelinjektor könnte zum Beispiel der fahrbare Fuß gegen eine Deckenhalterung ausgetauscht werden. Hingegen werden bei dem Eliminationsverfahren nach und nach einzelne Produktmerkmale entfernt (Meffert et al., 2019, S. 436). Beispiele hierfür sind das Entfernen einer markanten Verpackung oder das Anonymisieren des Produktherstellers. Wenn die Anonymisierung sehr stark fortgeschritten ist, wird auch von einem Blindtest gesprochen (Brockhoff, 1999, S. 215). Dies kommt in der Lebensmittelbranche häufiger vor. Meffert und Kollegen (2019) weisen außerdem darauf hin, dass Partialtests als Einzel- oder Paartest durchgeführt werden können. Weiterhin wird zwischen Kurztests und Langzeittests unterschieden. Bei den Kurztest geht es nur um die Wirkung des Produktes auf den Respondenten. Bei den Langzeittest soll hingegen herausgefunden werden, wie die Handhabung des Produktes wahrgenommen wird. Je nachdem wie lange ein Langzeittest dauern soll, kann dieser ebenso zu Hause über mehrere Tage oder Wochen durchgeführt werden. Hierbei wird dann von einem Home-Test gesprochen (Meffert et al., 2019, S. 437).

Brockhoff (1999) weist auf die Schwächen des Partialtestes in Bezug auf die Aussagekraft für den Produkterfolg hin. Um eine Aussage über den möglichen Produkterfolg treffen zu können, empfiehlt der Autor die Durchführung von Volltests (Brockhoff, 1999, S. 216). Meffert und Kollegen (2019) schreiben, dass bei Volltests die eigentliche Stärke des vollständigen Produktes und der produktbezogenen Marketing-Mix betrachtet werden kann. Diese Testform kann sowohl im Labor unter kontrollierten Bedingungen stattfinden sowie im Alltag als Feldexperiment. Die Feldexperimente werden dabei in Mini-Testmärkte sowie Markt- und Storetest aufgeteilt. Die Laborexperimente teilen sich in Labortestmärkte und Mini-Testmärkte auf (Meffert et al., 2019, S. 437). Jedoch haben alle Markttest, entsprechend nach Herrmann und Huber (2013), das gleiche Ziel. Mithilfe des Markttestes soll in einem kleinen, begrenzten Raum der Abverkauf des Produktes überprüft werden, um eine Prognose bezüglich des potenziellen Erlöses anstellen zu können (Herrmann & Huber, 2013, S. 215).

Regionale Testmärkte entsprechen in ihrer Struktur dem Gesamtmarkt, weshalb diese gerne für Hochrechnungen genutzt werden (Hofbauer & Sangl, 2011, S. 487). In sogenannten Storetests wird ein Produkt in ausgewählten Läden präsentiert und die Nachfrage der Konsumenten überprüft (Meffert et al., 2019, S. 437).

Hingegen werden in Mini-Testmärkten, nach Meffert und Coautoren (2019), der Erstein-kauf, der Wiederholungseinkauf und die Abnahmemenge je nach Haushalt untersucht. Dazu bedarf es einem realistischen Umfeld in das immer wieder gezielte Reize durch Werbung gesetzt werden. Einen solchen Mini-Testmarkt gibt es zum Beispiel in Baden-Württemberg (Meffert et al., 2019, S. 438).

2 Aufgabe C2

Im vorherigen Teil der Arbeit wurde bereits erläutert, was ein Produkt ist und was unter Produktpolitik zu verstehen ist. Ein wesentlicher Bestandteil der Produktpolitik ist der Produktlebenszyklus. Dieser wird im Nachfolgenden mit seinen einzelnen Phasen erläutert. Anschließend wird auf die Innovationsfähigkeit und die Kernmerkmale von Innovationen eingegangen, da es ohne Innovationen keine neuen Produkte geben kann. Zum Ende der Arbeit geht es um die Markteinführung und die Rolle von Early Adopters in diesem Prozess.

2.1 Der Produktlebenszyklus

Der Produktlebenszyklus (PLZ) ist eines der traditionellen Konzepte des Marketings (Olbrich, 2006, S. 69). Entsprechend Olbrich (2006) ist der Grundgedanke des Konzepts sehr einfach gehalten. Produkte und Dienstleistungen werden wie Lebewesen betrachtet. Die Lebensspanne läuft dabei von der Geburt, über die Wachstumsphase und die Reifephase bis zum Ableben (Olbrich, 2006, S. 69). Bruhn (2019) schreibt, dass der PLZ grundsätzlich die zeitliche Entwicklung von Produktklassen oder einzelnen Produkten am Markt darstellt. Dabei ist es egal, ob die Dauer des PLZ nur ein paar Monate beträgt oder mehrere Jahrzehnte. Weiterhin ist wichtig, dass jedes Produkt bzw. jede Dienstleistung immer den gleichen Gesetzmäßigkeiten folgt und demzufolge immer die gleichen Stufen des PLZ durchläuft (Bruhn, 2019, S. 66–67).

Laut Jacobs (2011) kann dem PLZ ein nachfrageorientierter Ansatz und ein anbieterorientierter Ansatz zugrunde liegen. Der nachfrageorientierte Ansatz bezieht sich auf die Sicht des Nachfragers in Hinblick auf ein einzelnes Produkt. Hingegen betrachtet der anbieterorientierte Ansatz den PLZ von der Produktidee bis zur Entsorgung (Jacobs, 2011, S. 9). In dieser Arbeit liegt der Fokus auf dem anbieterorientieren Ansatz. Diesem idealtypischen Modell wird, nach Runia und Coautoren (2019), ein S-förmiger Verlauf unterstellt, der sich in fünf Phasen unterteilt (S. 197): (1) Einführung, (2) Wachstum, (3) Reife, (4) Sättigung und (5) Degeneration.

In der Abbildung 5 ist der idealtypische Verlauf des PLZ mit den jeweiligen Stufen dargestellt. Im nachfolgenden Text werden anschließen die Stufen genauer erläutert. Laut Meffert und Kollegen (2019) kann die grundlegende Aussage des Modells wie folgt zusammengefasst werden: Jedes Produkt bzw. jede Dienstleistung hat unabhängig vom spezifischen zu erwartenden Umsatz zu Beginn eine Phase, in der der Umsatz steigt und nach Übergang zwischen der Reife- und Sättigungsphase einen sinkenden Umsatz (Meffert et al., 2019, S. 471), der nur durch Produktinnovationen abgefangen werden kann (Schawel & Billing, 2018, S. 277).

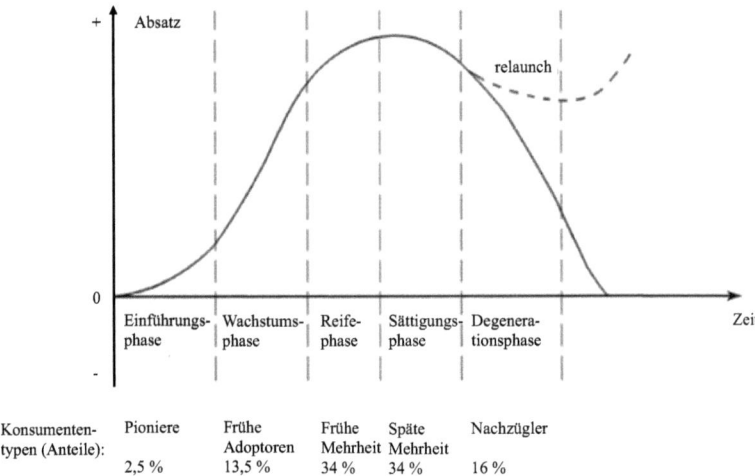

Abbildung 5: Idealtypischer Verlauf des Produktlebenszyklus und die zugehörigen Konsumententypen

(Quelle: Eigene Darstellung in Anlehnung an Jacobs, 2011, S. 34; Rogers, 2003, S. 281)

2.1.1 Die einzelnen Phasen des Produktlebenszyklus

Die Markteinführungsphase ist eine Phase mit einem langsamen Umsatzwachstum, da das Produkt erst auf den Markt gebracht wird (Kotler & Keller, 2009, S. 318). Hierbei ist zu beachten, dass dem geringen Umsätzen und den häufig vorkommenden negativen Deckungsbeiträgen hohe Anfangsinvestitionen gegenüber stehen (Bruhn, 2019, S. 67). Daraus lässt sich ableiten, dass in dieser Phase noch keine Gewinne erwirtschaftet werden (Olbrich, 2006, S. 70). Die meisten Kunden warten in dieser Phase mit einem Kauf noch ab, da das Produkt noch nicht auf dem Markt etabliert ist (Jacobs, 2011, S. 10). Die meisten Käufe entstehen in dieser Phase durch die Aktivitäten des Marketings und Personen, die das Produkt aus Neugierde kaufen (Meffert et al., 2019, S. 472). Dazu kommt, dass das neue Produkt bereits etablierte Produkte auf dem Markt verdrängen muss (Schawel & Billing, 2018, S. 276). An dieser Stelle muss ergänzt werden, dass Produkte in diesem Stadium meist noch nicht vollständig ausgereift sind und die sogenannten Kinderkrankheiten noch bestehen (Hofbauer & Sangl, 2011, S. 324). Sobald die Gewinnschwelle durch das Produkt erreicht ist, kann dieses in die Wachstumsphase übertreten (Meffert et al., 2019, S. 472).

In der Wachstumsphase wird das Produkt vom Markt akzeptiert und die Gewinne werden schnell gesteigert, da der Absatz zunimmt (Kotler et al., 2016, S. 509; Kotler & Keller, 2009, S. 318). Dies wird unter anderem durch die Wirkung der Marketingmaßnahmen erreicht (Bruhn, 2019, S. 67). Hinzu kommen an dieser Stelle, die positiven Berichte von Konsumenten, Fachzeitschriften, Testberichten oder ähnlichen. (Meffert et al., 2019, S. 472). Bei sehr kurzlebigen Gütern findet in dieser Phase bereits die Ersatzbeschaffung des Produktes statt (Runia et al., 2019, S. 198). Weiterhin ist es in dieser Phase üblich, dass die ersten Produkte von der Konkurrenz auf den Markt schwemmen (Schawel & Billing, 2018, S. 276–277). Für den Hersteller ist es deshalb empfehlenswert an diesem Punkt bereits erste technische Fortschritte durch eine Weiterentwicklung des Produktes vorzeigen zu können (Hofbauer & Sangl, 2011, S. 324). Im Laufe dieser Phase stabilisiert sich die Zuwachsrate und der Umsatzerlös erreicht den höchsten Punkt (Runia et al., 2019, S. 198). Damit geht das Produkt in die Reifephase über (Meffert et al., 2019, S. 472).

In der Reifephase gibt es einen großen Wettbewerb zwischen den einzelnen Anbietern eines Produktes, weshalb trotz steigender Absatzzahlen die Wachstumsraten des Produktumsatzes abnehmen (Bruhn, 2019, S. 67; Runia et al., 2019, S. 198). Die Phase ist außerdem dadurch gekennzeichnet, dass die Produkte ihre volle Marktreife erreicht haben, aber es kaum noch Neukunden zu gewinnen gibt und weshalb auf die Kundentreue gesetzt werden muss (Jacobs, 2011, S. 13). Spätestens in dieser Phase muss ein Unternehmen Produktvariationen und -differenzierungen für den Kunden bereithalten, um den Kunden und seinen Anforderungen an das Produkt gerecht zu werden (Meffert et al., 2019, S. 473). Das Ende der Reifephase ist durch eine Wachstumsrate, die gegen Null geht, gekennzeichnet, hinzu kommt, dass die Absatzkurve ihr Maximum erreicht hat (Jacobs, 2011, S. 13).

In der Sättigungsphase ist die Entwicklung des Umsatzes das erste Mal rückläufig (Bruhn, 2019, S. 67), weshalb, nach Runia und Coautoren (2019), verschiedene Maßnahmen des

Marketing-Mix geplant werden können, die den Absatz verlängern. Zu diesen Maßnahmen zählen zum Beispiel die Erschließung neuer Absatzkanäle, Rabattaktionen oder Werbung, die einen Ersatzkauf initiieren sollen. Eine andere Alternative ist der Relaunch des Produktes. Dieser soll der Kurve, wie in Abbildung 5 dargestellt, einen neuen Aufschwung geben (Runia et al., 2019, S. 198). Die Sättigungsphase ist aber ebenso durch die Gewinnung eines neuen Kundenkreises charakterisiert. Hierzu zählen, laut Jacobs (2011), Personen mit einem geringen Einkommen, die vom Preisverfall der Produkte profitieren (S. 14). Durch diese Preiselastizität kann die Sättigungsphase künstlich verlängert werden (Meffert et al., 2019, S. 473), bevor es in die Degeneration übergeht.

In der Degenerations- bzw. Rückgangsphase zeigt der Umsatz einen Abwärtstrend und die Gewinne schwinden rapide (Kotler & Keller, 2009, S. 318). Dies kann so weit gehen, dass sogar Verluste verzeichnet werden müssen (Runia et al., 2019, S. 198). Dies wird unter anderem dadurch beeinflusst, dass es neue Innovationen gibt und an dem ursprünglichen Produkt kein Interesse mehr besteht (Bruhn, 2019, S. 67). Weitere Gründe können aber ebenso in staatlichen Regelungen begründet sein (Meffert et al., 2019, S. 473). Hofbauer und Sangl (2011) weisen darauf hin, dass die Degenerationsphase durch die Unternehmen eingeleitet wird in dem keine aktive Werbung mehr für das Produkt betrieben wird. Weiterhin gibt es Abverkäufe und das Produkt verschwindet nach und nach aus den Regalen. Bei technischen Produkten gibt es nur noch eine Lieferung von Ersatzteilen und einen eingeschränkten Service (Hofbauer & Sangl, 2011, S. 324–325).

2.1.2 Der analytische Nutzen des Lebenszykluskonzeptes

Der zuvor vorgestellte Produktlebenszyklus ist ein Lebenszykluskonzept, das sich auf Produkte und Dienstleistungen bezieht. Daneben besteht zum Beispiel der Lebenszyklus von Märkten, der den Zeitverlauf eines ganzen Marktes in den Vordergrund stellt (Bruhn, 2019, S. 68). Nach Meffert und Kollegen (2019) wird dieser herangezogen, um strategische Entscheidungen im Management zu treffen (S. 318).

Laut Kotler und Coautoren (2016) dient das Lebenszykluskonzept in der Praxis häufig als eine Art Erklärungsrahmen, um zu beschreiben, wie sich ein Produkt, eine Dienstleistung oder ein Markt über die Zeit verändert. An dieser Stelle ist anzumerken, dass sich das Konzept nur bedingt dafür eignet eine Situation am Markt vorherzusagen. Der Grund hierfür liegt darin, dass in den meisten Fällen nicht bekannt ist, in welcher Phase des Lebenszyklus sich der Markt aktuell befindet. Darauf aufbauend sind einige Faktoren zu berücksichtigen, um zum Beispiel eine Marketingstrategie auf dem Lebenszykluskonzept aufzubauen (Kotler et al., 2016, S. 511–512). Das Lebenszykluskonzept kann ebenso Anwendung finden im Bereich der Produktion und Beschaffung, dem internen Rechnungswesen oder dem Stakeholder-Value-Management (Fischer, 2001, S. 19–23).

Da das Marketing sowie die Produktion und Beschaffung die klassischen Anwendungsbereiche für das Lebenszykluskonzept sind, wird im nachfolgenden nur auf diese Teilbereiche eingegangen. Nach Fischer (2001) bietet das Konzept des Lebenszyklus einen analytischen Rahmen für die Prognose von Absatz und Umsatz. Dies wiederum bietet eine gewisse Planungssicherheit für die Produktion und die Beschaffung von Gütern (Fischer, 2001, S. 19–20), wenn die oben genannten Unsicherheiten berücksichtigt werden. Weiterhin schreibt Fischer (2001), dass das Konzept im Bereich des Marketings auf eine gewisse Art und Weise Informationen bereitstellt, die für einen angepassten Marketing-Mix für die jeweilige Zyklusphase nützlich sein können (Fischer, 2001, S. 19).

Im Rahmen der Produktion und Beschaffung hat der Lebenszyklus einen ganz besonderen Nutzen. In diesem Bereich ist es wichtig, dass zu Beginn des Lebenszyklus keine Überproduktion stattfindet und zu einem späteren Zeitpunkt entsprechende Innovationen eingesteuert werden (Fischer, 2001, S. 20).

Was Innovationen eigentlich sind, wird im kommenden Abschnitt genauer betrachtet.

2.2 Innovationsfähigkeit und Kernmerkmale von Innovationen

Der Begriff Innovation ist bereits mehrmals im Rahmen dieser Arbeit gefallen. Im Nachfolgenden wird beschrieben, was die Literatur unter den Begriffen Innovation und Innovationsfähigkeit versteht.

Die wissenschaftliche Literatur ist sich sehr uneinig, was die Definition von dem Konstrukt Innovation betrifft. Dies ist erkennbar an der Vielzahl von unterschiedlichen Erklärungsansätzen. In dem Punkt der Neuheit eines Produktes oder einer Dienstleistung sind sich aber alle einig. Jedoch sind sich die Wissenschaftler uneinig in der Frage, wann ein Produkt oder eine Dienstleistung als neu angesehen wird (Sammerl, 2006, S. 23).

Die Autorin definiert Produktinnovationen in Anlehnung an Pepels (2016) sowie Runia und Kollegen (2019) als eine neue technische, wirtschaftliche, organisatorische und soziale Lösung für ein Problem, in dem diese Lösung als Produkt oder Dienstleistung den

Markt betritt. Dies kann durch eine Neueinführung sein, oder durch die Erweiterung des Produktportfolios eines Unternehmens (Pepels, 2016, S. 679; Runia et al., 2019, S. 204).

Wahren (2004) hat vier Kriterien aufgestellt, die erfüllt sein müssen, damit von einer Innovation gesprochen werden kann. Diese sind (1) Objekt der Innovation, (2) Prozess und Subjekt der Innovation, (3) Status des Neuen und (4) Zweckorientierung der Innovation. Um von einer Innovation sprechen zu können, bedarf es nach Wahren (2004) somit ein Objekt und nicht nur eine bloße Idee. Das Objekt muss nicht zwingend ein Produkt sein, sondern kann ebenso anderer Natur sein, wie zum Beispiel eine neue Struktur oder eine Regel. Im zweiten Punkt wird beschrieben, dass Innovationen nur durch Menschen entstehen können. Weiterhin wird darauf hingewiesen, dass Innovationen immer eine Neuheit sind und sich von bereits bestehenden Objekten deutlich unterscheiden, dies kann aber zum Beispiel ebenso eine Weiterentwicklung von einem bereits bestehenden Produkt sein. Der vierte Punkt besagt, dass das Objekt der Erfüllung von Unternehmenszwecken dienen muss (Wahren, 2004, S. 14).

Runia und Kollegen (2019) weisen darauf hin, dass es echte Innovationen in der heutigen Zeit nur noch sehr selten gibt. Deshalb unterscheidet die Wissenschaft zwischen drei verschiedenen Innovationsgraden. Innovationen mit einem Innovationsgrad von 100 % finden sich meistens in der Pharmaindustrie und der Medizintechnik oder anderen hochtechnologischen Branchen. Quasi-Innovationen sind hingegen Innovationen, die auf ein bereits bestehendes Produkt aufbauen. So wurde vor ein paar Jahren aus einem Anhänger und einem Fahrrad ein Cargo-Bike, oder aus dem Wein ein alkoholfreier Wein. Als dritte Innovationsstufe mit gar keinen Innovationsgrad (0 %) werden die Me-too-Innovationen angesehen. Diese sind im Prinzip keine Innovationen, da sie nur ein bereits vorhandenes Produkt kopieren. Beispiele hierfür sind in der Lebensmittelindustrie zu finden, oder bei Generika in der Pharmabranche (Runia et al., 2019, S. 205).

Andere Autoren unterscheiden Innovationen ebenfalls nach ihrem Neuheitsgrad, dabei wird jedoch zwischen radikalen/diskontinuierlichen und inkrementellen/kontinuierlichen Innovationen unterschieden (Utterback, 1994; zitiert nach Kerl, 2018, S. 16–17). Nach Meffert und Kollegen (2019) entwickeln Unternehmen mit einem hohem Sicherheitsbedürfnis eher inkrementelle Innovationen. Bei diesen wird ein bereits bestehendes Konzept genommen und weiterentwickelt. Hingegen ist eine radikale Innovation mit einem großen Risiko verbunden, da das entstehende Produkte vom Markt nicht angenommen werden kann. Radikale Innovationen sind Produkte oder Dienstleistungen, die es so vorher auf dem Markt nicht gegeben hat und daher einen ganz neuen Markt erschaffen (Meffert et al., 2019, S. 407). Beispiele für inkrementelle Innovationen ist die Waschmaschine, die per WLAN dem Nutzer mitteilt, dass die Wäsche fertig gewaschen ist. Eine radikale Innovation war seinerzeit Amazon mit dem ersten Online-Buchhandel.

Wie an den beiden Beispielen erkennbar ist, sind Innovationen wichtig für ein Unternehmen. Wahren (2004) beschreibt, dass Unternehmen, die dem Konzept der radikalen Innovationen folgen, einen deutlich geringeren Anteil an Produkten haben, die floppen als Unternehmen, die eher vorsichtig agieren. Dies spiegelt sich ebenso in den Absatz- und Umsatzerlösen wieder (Wahren, 2004, S. 7). Die Innovationsstärke eines Unternehmens hängt dem zufolge von der Innovationsfähigkeit eines Unternehmens ab.

Sammerl (2006) definiert die Innovationsfähigkeit als Ergebnis der unternehmensweiten Vorgänge, die das Unternehmen dazu befähigt Produktinnovationen hervorzubringen und entsprechend herzustellen und anschließend auf dem Markt zu vertreiben (S. 356). Dabei muss ein Unternehmen viele verschiedene Ressourcen bereitstellen, damit das Unternehmen, die eigene Innovationskraft ausschöpfen kann und trotzdem wirtschaftlich agiert (Strina & Uribe, 2003, S. 133). Entsprechend nach Oertel & Betzold (2003) ist es für den Erfolg eines Unternehmens in der heutigen, schnelllebigen Zeit, essenziell, die eigene Innovationsfähigkeit auszubauen, um wettbewerbsfähig zu bleiben. Nur mit einem gewissen Maß an Innovationsfähigkeit kann flexibel auf die Kunden- und Marktanforderungen reagiert werden. Dazu muss ein Unternehmen nicht für sich allein arbeiten, sondern kann sich in Netzwerken mit anderen Organisationen, wie zum Beispiel Hochschulen oder anderen Unternehmen, zusammenschließen. Dadurch entsteht neben einer höheren Kompetenz und mehr Wissen ein neues Innovationsmanagement in dem jeder seine Stärken optimal einbringen kann (Oertel & Betzold, 2003, S. 271).

2.3 Merkmale von Early Adopter

Wie im Produktlebenszyklus bereits dargestellt wurde, wird ein Produkt bzw. eine Innovation nicht sofort nach der Einführung von allen Konsumenten erworben. Entsprechend Fischer (2001) gibt es im PLZ verschiedene Typen von Adoptoren. Die einzelnen Nachfragecharaktere werden den folgenden Phasen zugeordnet (Fischer, 2001, S. 7):

- Einführungsphase → Innovatoren (Pioniere)
- Wachstumsphase → Early Adopters (Frühe Adoptoren)

22

- Reife- und Sättigungsphase → frühe und späte Mehrheit
- Degenerationsphase → Nachzügler

Dies ist in der Abbildung 5 grafisch dargestellt.

Um Innovationen an den Kunden zu bringen, sind demnach neben den Innovatoren die Early Adopters essenziell (Solomon, Bamossy, Askegaard & Hogg, 2016, S. 568). Wie in der Abbildung 5 zu sehen, machen die Early Adopters einen Anteil von 13,5 % der Käuferschaft aus. Verglichen mit den Innovatoren von nur 2,5 % der Bevölkerung ist dies relativ viel (Solomon, 2016, S. 483). Laut Rogers (2003) sind sich Innovatoren und Early Adopters sehr ähnlich (S. 283). Herrmann und Huber (2013) beschreiben Innovatoren als grundsätzlich risikobereit und unternehmungslustig. Wohingegen die Early Adopters als Meinungsführer in ihrem sozialen Umfeld anzusehen sind und dort nach einem gewissen Prestige und Anerkennung streben (Herrmann & Huber, 2013, S. 267). Solomon (2016) weist daraufhin, dass der größte Unterschied darin liegt, dass Early Adopters sehr an ihrer gesellschaftlichen Akzeptanz interessiert sind. Dies spiegelt sich besonders in Produktbereichen, wie Kleidung, Kosmetik und dem Smartphone wieder (Solomon, 2016, S. 483). Rogers (2003) definiert Early Adopters als eine Personengruppe, die den höchsten Grad an Meinungsführerschaft in den meisten Systemen hat. Potenzielle Kunden wenden sich häufig an Early Adopters, um nach Ratschlägen und Informationen zu einer bestimmten Innovation zu fragen. Im Gegensatz zu den Pionieren sind Early Adopters sehr nah an der allgemeinen Bevölkerung und werden deshalb von Unternehmen bevorzugt als Tester herangezogen. In Bezug auf die Innovationskraft von Produkten und Dienstleistungen sind die Early Adopters den normalen Konsumenten nicht weit voraus und dienen somit als eine Art Vorbild. Early Adopters werden weiterhin von ihren Kollegen respektiert und verkörpern den erfolgreichen und diskreten Einsatz von neuen Ideen. Dabei weiß der Early Adopter, dass die Entscheidungen bezüglich einer Innovationseinführung gut durchdacht sein müssen, um den eigenen Status im Kommunikationsnetzwerk nicht zu verlieren. Schließlich hat ein Early Adopter die Aufgabe, Unsicherheiten gegenüber den Innovationen abzubauen und eine subjektive Bewertung des Produktes innerhalb des eigenen sozialen Netzwerkes weiterzugeben (Rogers, 2003, S. 283).

Das Marketing nutzt Early Adopters gerne, um Innovationen zum Konsumenten zu bringen. Aus kommunikationswissenschaftlicher Sicht ist dies der indirekte Weg, der über Meinungsführer geht, zu denen auch Influencer gehören (Kroeber-Riel & Gröppel-Klein, 2019, S. 500). Nach Kroeber-Riel und Gröppel-Klein (2019) wird von Meinungsführern gesprochen, wenn eine persönliche Face-to-Face Beziehung zwischen dem Meinungsführer und dem Produktinteressenten besteht. Wenn die Meinung von Konsumenten jedoch über das Internet in Sozialen Medien, wie Instagram, TikTok oder YouTube und ähnlichen beeinflusst wird, geschieht dies über Influencer (Kroeber-Riel & Gröppel-Klein, 2019, S. 502).

Trommsdorff und Teichert (2011) beschreiben Meinungsführer als Personen, die eine Massenkommunikation auf eine persönliche Kommunikation herunterbrechen können und somit die Botschaft hinter einem Produkt besser rüberbringen (S. 200–201). Hinzukommt entsprechend nach Hofbauer und Sangl (2011), dass Meinungsführer in ihrem Gebiet Spezialisten sind, dies kann durch ein ausgeübtes Hobby sein, oder durch den beruflichen Werdegang. Dies ist auch der Grund warum, sie eine hohe Glaubwürdigkeit für das Themenfeld in ihrem sozialen Umfeld besitzen und als kompetente Anlaufstelle für Ratschläge angesehen werden (Hofbauer & Sangl, 2011, S. 149). Im Marketing wird bei dieser Methode vom Word-of-mouth, also der Mundpropaganda geredet (Kotler et al., 2016, S. 264).

Kotler und Kollegen (2016) beschreiben noch eine weitere Technik des Marketings: das Buzz Marketing. In dieser Form werden die Meinungsführer entsprechend angeworben, in denen ihnen zum Beispiel Produkte zum Testen zur Verfügung gestellt werden. Wenn die Produkte von den Testern gut angenommen werden, entsteht automatisch eine Meinungsführerschaft und die Mundpropaganda kommt zum Einsatz (Kotler et al., 2016, S. 264).

Durch die Veränderungen rund um die digitalen Medien haben in den letzten Jahren Influencer immer mehr die Rolle des Markenbotschafters und Meinungsführers eingenommen (Runia et al., 2019, S. 359). Jahnke (2018) beschreibt, dass heute jede Person sich einen eigenen Follower-Kreis in den Sozialen Medien aufbauen kann und dadurch eine große Reichweite erreichen kann. Influencer sind Personen, die durch ihr Auftreten und Handeln andere Personen beeinflussen (Jahnke, 2018, S. 4). Dabei ist zu beachten, dass die Zielgruppe dabei meistens sehr jung ist (Jahnke, 2018, S. 10). Weiterhin ist erwähnenswert, dass Influencer in Tausende bis hin zu mehreren Millionen Follower besitzen (Fries, 2019, S. 6). Influencer werden dabei von ihren Followern als authentisch wahrgenommen und die Follower denken, dass ein Influencer nur Produkte und Dienstleistungen vorstellt, von denen diese Person selbst überzeugt ist (Gutjahr, 2019, S. 121).

Für das Marketing besteht dadurch eine große Auswahl und es muss genau geschaut werden, welcher Influencer am besten zum eigenen Produkt oder zur eigenen Dienstleistung passt (Jahnke, 2018, S. 3).

Literaturverzeichnis

Brockhoff, K. (1999). *Produktpolitik* (4.). Stuttgart: UTB für Wissenschaft.

Bruhn, M. (2019). *Marketing: Grundlagen für Studium und Praxis* (14.). Wiesbaden: Springer Fachmedien. https://doi.org/10.1007/978-3-658-24473-6

Fischer, M. (2001). *Produktlebenszyklus und Wettbewerbsdynamik: Grundlagen für die ökonomische Bewertung von Markteintrittsstrategien* (1.). Wiesbaden: Gabler Verlag.

Fries, P. J. (2019). *Influencer-Marketing: Informationspflichten bei Werbung durch Meinungsführer in Social Media* (1.). Wiesbaden: Springer Fachmedien. https://doi.org/10.1007/978-3-658-25784-2

Gutjahr, G. (2019). *Markenpsychologie: Wie Marken wirken - Was Marken stark macht* (4.). Wiesbaden: Springer Fachmedien. https://doi.org/10.1007/978-3-658-24282-4

Herrmann, A. & Huber, F. (2013). *Produktmanagement: Grundlagen - Methoden - Beispiele* (3.). Wiesbaden: Springer Fachmedien. https://doi.org/10.1007/978-3-658-00004-2

Hofbauer, G. & Sangl, A. (2011). *Professionelles Produktmanagement: Der prozessorientierte Ansatz, Rahmenbedingungen und Strategien* (2.). Erlangen: Publicis Publishing.

Homburg, C. (2020). *Marketingmanagement: Strategie - Instrumente - Umsetzung - Unternehmensführung* (7.). Wiesbaden: Springer Fachmedien. https://doi.org/10.1007/978-3-658-29636-0

Jacobs, J. (2011). *Produktlebenszyklusorientiertes Controlling am Beispiel des produktbezogenen Businessplans* (1.). Wiesbaden: Springer Fachmedien. https://doi.org/10.1007/978-3-658-24330-2

Jahnke, M. (2018). Ist Influencer-Marketing wirklich neu? In M. Jahnke (Hrsg.), *Influencer Marketing. Für Unternehmen und Influencer: Strategien, Plattformen, Instrumente, rechtlicher Rahmen. Mit vielen Beispielen* (1., S. 1–13). Wiesbaden: Springer Fachmedien. https://doi.org/10.1007/9783-658-20854-7_1

Kerl, A. (2018). *Management von Multi-Cross-Industry Innovation: Wirkungsabschätzung, organisationale Strukturen und Gestaltungshinweise* (1.). Wiesbaden: Springer Fachmedien. https://doi.org/10.1007/978-3-658-229990-0

Kotler, P., Armstrong, G., Harris, L. C. & Piercy, N. (2016). *Grundlagen des Marketing* (6.). Hallbergmoos: Pearson.

Kotler, P. & Keller, K. L. (2009). *Marketing Management* (13.). London: Pearson Education.

Kroeber-Riel, W. & Gröppel-Klein, A. (2019). *Konsumentenverhalten* (11.). München: Verlag Franz Vahlen.

Meffert, H., Burmann, C., Kirchgeorg, M. & Eisenbeiß, M. (2019). *Marketing: Grundlagen marktorientierter Unternehmensführung Konzepte - Instrumente - Praxisbeispiele* (13.). Wiesbaden: Springer Fachmedien. https://doi.org/10.1007/978-3-658-21196-7

Moser, K. (2002). *Markt- und Werbepsychologie: Ein Lehrbuch* (1.). Göttingen: Hogrefe.

Oertel, R. & Betzold, M. (2003). 7 Zusammenfassung und Gesamtausblick. In K. Henning, R. Oertel & I. Isenhardt (Hrsg.), *Wissen - Innovation - Netzwerke: Wege zur Zufriedenheit* (1., S. 271–276). Berlin; Heidelberg: Springer-Verlag. https://doi.org/10.1007/978-3-642-55462-9

Olbrich, R. (2006). *Marketing: Eine Einführung in die marktorientierte Unternehmensführung* (1.). Berlin; Heidelberg: Springer. https://doi.org/10.1007/3-540-35143-4

Page, A. L. & Rosenbaum, H. F. (1992). Developing an Effective Concept Testing Program for Consumer Durables. *Journal of Product Innovation Management, 9*, 267–277. https://doi.org/10.1111/1540-5885.940267

Pepels, W. (2016). *Produktmanagement* (7.). Berlin: Duncker & Humblot GmbH.

Rogers, E. M. (2003). *Diffusion of Innovations* (5.). New York: Free Press.

Runia, P., Wahl, F., Geyer, O. & Thewißen, C. (2019). *Marketing: Prozess- und Praxisorientierte Grundlagen* (5.). Berlin; Boston: Walter de Gruyter. https://doi.org/10.1515/9783110584677-019

Sammerl, N. (2006). *Innovationsfähigkeit und nachhaltiger Wettbewerbsvorteil: Messung - Determinanten - Wirkung* (1.). Wiesbaden: Deutscher Universitäts-Verlag.

Sander, M. (2019). *Marketing-Management: Märkte, Marktforschung und Marktbearbeitung* (3.). München: UVK Verlag.

Schawel, C. & Billing, F. (2018). *Top 100 Management Tools: Das wichtigste Buch eines*

Managers von ABC-Analyse bis Zielvereinbarung (6.). Wiesbaden: Springer Fachmedien. https://doi.org/10.1007/978-3-658-18917-4

Solomon, M. R. (2016). *Konsumentenverhalten* (11.). Hallbergmoos: Pearson.

Solomon, M. R., Bamossy, G. J., Askegaard, S. & Hogg, M. K. (2016). *Consumer Behaviour: A European Perspective* (6.). Edinburgh Gate: Pearson Education.

Strina, G. & Uribe, J. (2003). 4.4 Resüme und Ausblick. In K. Henning, R. Oertel & I. Isenhardt (Hrsg.), *Wissen - Innovation - Netzwerke: Wege zur Zufriedenheit* (1., S. 132–134). Berlin; Heidelberg: Springer-Verlag. https://doi.org/10.1007/978-3-642-55462-9

Tomczak, T., Kuß, A. & Reinecke, S. (2014). *Marketingplanung: Einführung in die marktorientierte Unternehmens- und Geschäftsfeldplanung* (7.). Wiesbaden: Springer Fachmedien. https://doi.org/10.1007/978-3-8349-3752-0

Trommsdorff, V. & Teichert, T. (2011). *Konsumentenverhalten* (8.). Stuttgart: Kohlhammer.

ulrich medical. (2017). neon^{3}™: universal OCT spinal stabilization. Verfügbar unter: https://www.ulrichmedical.de/wp-content/uploads/2017/09/neon3_Folder_DE_R3_2017-08.pdf

ulrich medical. (2020a). Blutsperrgeräte. Verfügbar unter: https://www.ulrichmedical.de/produkte/blutsperregeraete/

ulrich medical. (2020b). CT. Verfügbar unter: https://www.ulrichmedical.de/produkte/kontrastmittelinjektoren/ct/

ulrich medical. (2020c). CT motion™. Verfügbar unter: https://www.ulrichmedical.de/produkte/kontrastmittelinjektoren/ct/ct-motion/

ulrich medical. (2020d). Kontrastmittelinjektoren. Verfügbar unter: https://www.ulrichmedical.de/produkte/kontrastmittelinjektoren/

ulrich medical. (2020e). ulrich medical® Kontrastmittelinjektoren für MRT und CT. Verfügbar unter: https://www.ulrichmedical.de/wp-content/uploads/2020/01/Gesamt%C3%BCbersicht_CT_DE_R4-2_EINZELSEITEN-WEB.pdf

ulrich medical. (2020f). Produkte. Verfügbar unter: https://www.ulrichmedical.de/produkte/

ulrich medical. (2020g). Wirbelsäulensysteme. Verfügbar unter https://www.ulrichmedical.de/produkte/wirbelsaeulensysteme/

Umbach, G. (2019). *Erfolgreich als Medical Advisor und Medical Science Liaison Manager: Wie Sie effektiv wissenschaftliche Daten kommunizieren und mit Experten kooperieren* (2.). Wiesbaden: Springer Fachmedien. https://doi.org/10.1007/978-3-658-23355-6

Utterback, J. M. (1994). *Mastering the dynamics of innovation. How companies can seize opportunities in the face of technology change* (1.). Boston, Mass.: Harvard Business School Press.

Wahren, H.-K. (2004). *Erfolgsfaktor Innovationen: Ideen systematisch generieren, bewerten und umsetzen* (1.). Berlin; Heidelberg: Springer. https://doi.org/10.1007/978-3-642-17033-1

Weis, H. C. (2018). *Marketing* (18.). Herne: Kiehl.

Winkelmann, P. (2013). *Marketing und Vertrieb: Fundamente für die Marktorientierte Unternehmensführung* (8.). München: Oldenbourg Wissenschaftsverlag.